Exploremos Cuba

por Walt K. Moon

BUMBA BOOKS™
en español

EDICIONES LERNER ◆ MINNEAPOLIS

Nota para los educadores:

En todo este libro, usted encontrará preguntas de reflexión crítica. Estas pueden usarse para involucrar a los jóvenes lectores a pensar de forma crítica sobre un tema y a usar el texto y las fotos para ello.

ediciones Lerner
Una división de Lerner Publishing Group, Inc.
241 First Avenue North
Mineápolis, MN 55401, EE. UU.

Si desea averiguar acerca de niveles de lectura y para obtener más información, favor consultar este título en www.lernerbooks.com

Library of Congress Cataloging-in-Publication Data

Names: Moon, Walt K., author.
Title: Exploremos Cuba / por Walt K. Moon.
Description: Minneapolis : Ediciones Lerner, [2017] | Series: Bumba books en español—Exploremos países | Includes bibliographical references and index. | Audience: Ages 4–7. | Audience: Grades K–3.
Identifiers: LCCN 2016042725 (print) | LCCN2016043098 (ebook) | ISBN 9781512441239 (library bound : alk. paper) | ISBN 9781512454024 (pbk. : alk. paper) | ISBN 9781512449822 (eb pdf)
Subjects: LCSH: Mexico—Juvenile literature.
Classification: LCC F1758.5 .M6618 2017 (print) | LCC F1758.5 (ebook) | DDC 972—dc23

LC record available at https://lccn.loc.gov/2016042725

Fabricado en los Estados Unidos de América
1 – CG – 7/15/17

LERNER
SOURCE

Expand learning beyond the printed book. Download free, complementary educational resources for this book from our website, www.lernerresource.com.

Tabla de contenido

Una visita a Cuba

Cuba es un país en el Caribe.

El país es una isla.

4

Cuba tiene llanuras.

Tiene colinas.

El clima es cálido.

Los veranos son lluviosos.

Los tiburones nadan en el mar

cerca de Cuba.

Alrededor del mar vuelan

pájaros coloridos.

En los ríos viven manatíes.

manatíes

Cuba tiene muchos agricultores. El café es un cultivo importante. Otros agricultores cultivan frutas.

¿Qué otros cultivos podrían sembrar los agricultores?

11

La mayoría de los cubanos

vive en ciudades.

La ciudad más grande es

La Habana.

Está en la parte oeste

de Cuba.

¿En qué manner es diferente vivir en La Habana qué vivir en una finca?

Muchas personas visitan Cuba.

Les gusta el clima.

Van a las playas.

¿Qué piensas que las personas hacen en las playas de Cuba?

La comida cubana incluye

mucho arroz y frijoles.

La gente también

cocina plátanos.

Los plátanos se parecen

a los bananos.

arroz y
frijoles

El deporte favorito

es el béisbol.

Muchos cubanos

juegan al béisbol.

Los mejores

jugadores son

grandes estrellas.

Cuba es un país bonito.

Hay muchas cosas para ver.

¿Te gustaría visitar Cuba?

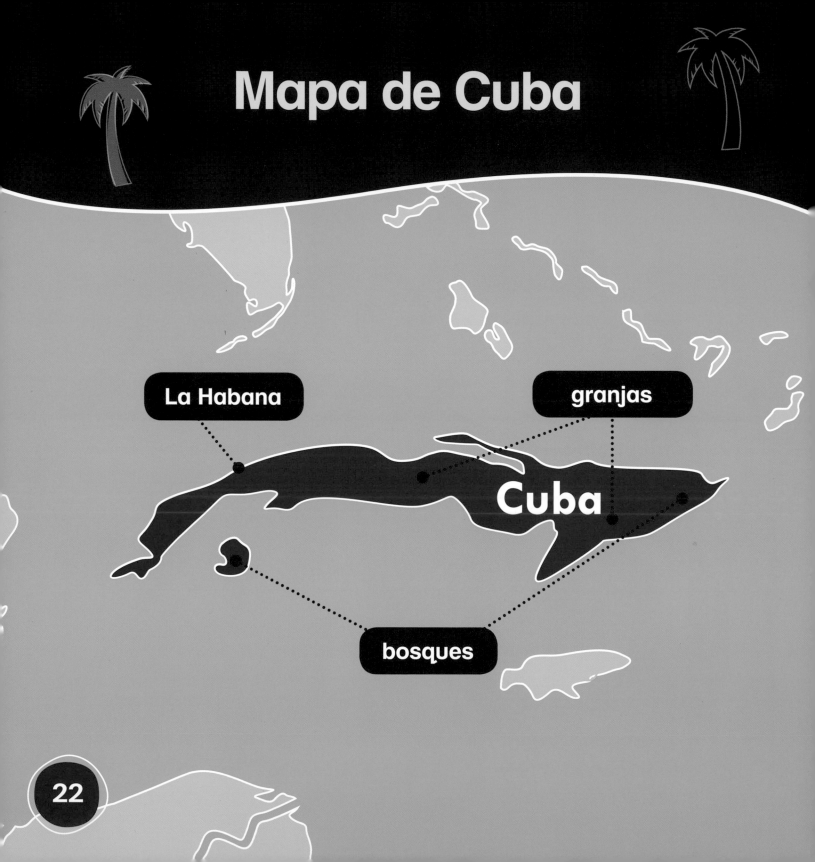

Mapa de Cuba

La Habana

granjas

Cuba

bosques

22

Glosario de las fotografías

cultivo

una planta que se siembra para tener comida

isla

un pedazo de tierra rodeado de agua en todos sus lados

manatíes

animales grandes que tienen aletas y viven en el agua

plátanos

fruta parecida a los bananos, que la gente cocina y come

23

Leer más

Cantor, Rachel Anne. *Cuba*. New York: Bearport Publishing, 2016.

Cavallo, Anna. *Cuba*. Minneapolis: Lerner Publications, 2011.

Flynn, Brendan. *Baseball Time!* Minneapolis: Lerner Publications, 2016.

Índice

Crédito fotográfico

Las fotografías en este libro se han usado con la autorización de: © Dmitry Chulov/iStock.com, p. 5; © Tupungato/Shutterstock.com, pp. 6–7; © Greg Amptman/Shutterstock.com, pp. 9, 23 (esquina inferior izquierda); © Sabino Parente/Shutterstock.com, pp. 10–11, 23 (esquina superior izquierda); © Hang Dinh/Shutterstock.com, pp. 12–13; © Kamira/Shutterstock.com, p. 14; © Lisa F. Young/Shutterstock.com, pp. 16–17, 23 (esquina inferior derecha); © Conde/Dreamstime.com, pp. 18–19; © Anna Jedynak/Shutterstock.com, pp. 20–21; © Red Line Editorial, p. 22; © energizzzer/Shutterstock.com, p. 23 (esquina superior derecha).

Portada: © Nobohh/Dreamstime.com.